Hector
BERLIOZ

TE DEUM
Op. 22 / H. 118

Study Score
Partitur

SERENISSIMA MUSIC, INC.

CONTENTS

ORCHESTRA

4 Flutes (1 doubling Piccolo), 4 Oboes (1 doubling English Horn),
4 Clarinets (1 doubling Bass Clarinet), 4 Bassoons
4 Horns, Piccolo Saxhorn, 2 Trumpets, 2 Cornets, 6 Trombones, 2 Tubas
Timpani, Bass Drum, Cymbals, 6 Snare Drums, 4 Field Drums, 12 Harps
Organ
Violin I, Violin II, Viola, Violoncello, Double Bass

Duration: ca. 55 minutes
First performance: 30 April 1855
Paris, Église Saint-Eustache
Soli, Choruses and Orchestra
Conducted by the composer

Complete orchestral parts compatible with this study score are available (Cat. No. A2568) from
E. F. Kalmus & Co., Inc.
6403 West Rogers Circle
Boca Raton, FL 33487 USA
(800) 434 - 6340
www.kalmus-music.com

TE DEUM
H. 118

1. Te Deum — Hymne

Hector Berlioz

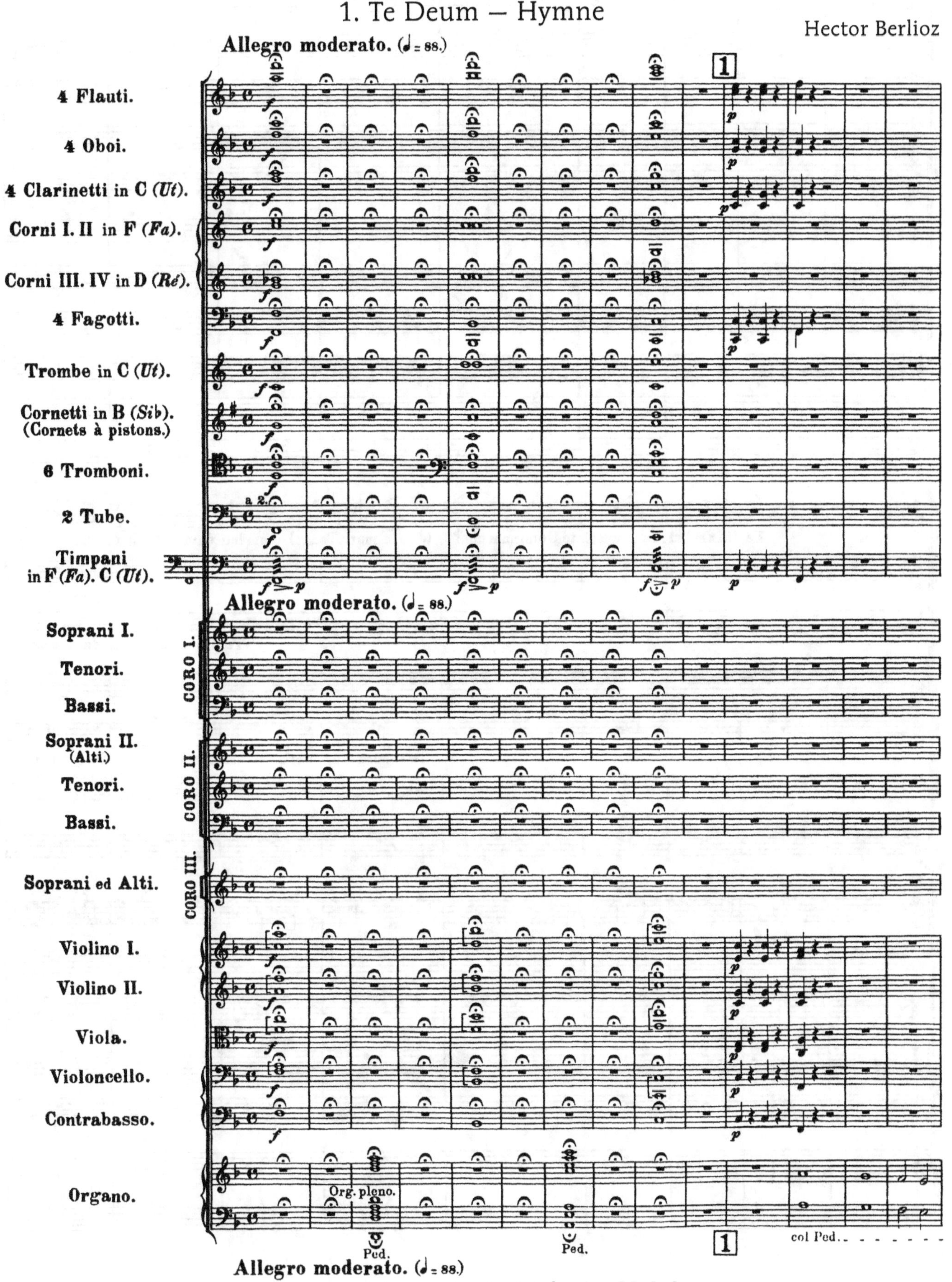

SERENISSIMA MUSIC, INC.

Te De_um lau_da_mus; te Dominum confi_te_ _mur. Te_ De_um lau_damus, te lau_da_ _ _
Te De_um lau_da_mus;
Te venera_tur om_ _nis terra. Te De_um

24
a 4.
f
a 4.
f
f
a 2.
f
_ _ _ mus, te lau _ da _ _ _ _ mus.
Te De _ um lau _ da _ mus;   te Do _ minum confi _
te Do_minum confi _ te _ mur. Lau _ _ _ mus,   te De_um lau _ damus, lau _ da _
Te vene _ ra _ tur om _ nis ter_ra, te   ve_ne_ra_tur om _ nis   ter _ ra.
lau _ da _ mus.
24
f

Te vene_ra_tur om _ nis terra, te om _ nis ter _ ra vene_
te _ mur. Te_ lau_damus, te Deum, te lau_da_mus, lau _ _
mus. Te vene _ ra_tur omnis, om _ _ nis ter _ ra, te vene_ra_tur
Te lau_da _ _ _ _ _ _ mus.
Te De _ um lau_da _ mus; te Do_minum confi_te _ _ mur. Te

37
a 2.
a 4.
a 2.
2
ra _ tur. Te De_um lau_da _ mus, te De_um lau_da _ _ _ _ _ _mus.
da _ mus te, te De_um lau_da_mus. Om_nis ter_ra ve _ne_ra _ _tur.
om _ nis ter _ ra, om _ nis ter_ra te _ ve_ne_ra _ tur.
Om_nis ter_ra te ve_ne_ra _ _ _ _ tur.
Laudamus te, te De_um lau_da _ mus, te De_um lau_da _ _mus,lauda _ mus.
_ Deum lau _ da _ _mus, lau _ da_mus te, lau _ _ da _ _mus,lauda _ mus.
37
div.
div.
Flauti.
Ped.
2

45
I. a 2.
I. a 2.
a 2.
a 2.
a 4.
a 2.
Te De_um lau_da_ _ _mus, te De_
Te De_um lau_da_mus, te De_um lau_da_mus,
Te De_um lau_da_mus,
Te De_ _um lau_ _da_ _mus. Te æ_ _
Te De_ _um lau_ _da_ _mus. Te æ_ _
Te De_ _um lau_ _da_ _mus. Te æ_ _
Te æ_ _
Te æ_ _
45
unis.
unis.
pizz. arco
pizz. arco

52
a 4.
a 4.
a 4.
a 2.
a 2.
a 2.
a 2.
a 2.
a 6.
um lau _ da _ mus, te _ Deum lau _ da _ mus, te
lau_da _ _ mus; te Dominum con_fi _ te _ mur, te De _ um lau_da _ mus; te Dominum confi _
te Dominum confi _ te _ mur, te _ Dominum con_fi _ te _ mur, te æ _ ter _ num, æ _ ter _ _ num
ter _ num Pa _ trem omnis ter _ ra ve_ne _ ra _ tur. Æ _ ter _
ter _ num Pa _ trem omnis ter _ ra ve_ne _ ra _ tur. Te De _ um lau_da _ mus.
ter _ num Pa _ trem omnis ter _ ra ve_ne _ ra _ _ tur.
ter _ num Pa _ trem omnis ter _ ra ve_ne _ ra _ tur.
52
div.
unis.

59
a 4.
a 4.
a 2.
I.II.
III.
a 6.
De _ um lau _ da _ _ _ _ _ _ _ mus, te De _ um lau _ da _ mus, te De _ um lau _ da _ mus;
te _ mur. Te lau_da _ _ mus; te De _ um confi _ te _ mur; te De _ um
Patrem con _ fi _ te _ mur. Te lau _ da _ mus, te De _ um lau _ da _ mus.____ Te omnis
_ num Pa _ trem lau_da _ mus, te lau _ da _ mus. Te æ _ _ _
Te De _ um lau _ da _ _ mus. Te æ _
Te De _ um lau _ da _ _ mus. Te æ _
Te æ _ _
59
div.
unis.

te Dominum confi _ te _ mur, te_ Dominum confi_te _ mur. Te æ _ _ ter _ num
con _ fi _ te _ mur; te De _ um con _ fi _ te _ mur. Te æ _ _ ter _
ter _ ra vene _ ra _ tur. Te De _ um lau _ da _ mus; te Dominum confi _ te _ _
ter _ num Pa _ trem omnis ter _ ra ve _ ne _ ra_tur. Te De _ um lau _ da _ mus; te Dominum confi_
ter _ num Pa _ trem omnis ter _ ra ve _ ne _ ra_tur. Te æ _ _ ter _ num
ter _ num Pa _ trem omnis ter _ ra ve _ ne _ ra_tur. Te De _ um, æ _ ternum Pa _ trem,
ter _ num Pa _ trem omnis ter _ ra ve _ ne _ ra_tur. Te æ _ _ ter _ num

74
3
III.
p
p
p II. III.
I. p
Baguettes d'éponge.
Schwammschlägel.
Sponge-headed drum-sticks.
p
p
Pa _ trem, _ æ _ ter _ num Pa _ _ trem, te lau _ da _ mus; te om _ nis
num, lau _ da _ mus, lau _ da _ mus, te De _ um lau _ da _ mus; p
mur. Te æ _ _ _ ter _ num Pa _ trem, te om _ nis, om _ nis
te _ mur, te æ _ _ ter _ num Pa _ trem,
Pa _ trem lau _ da _ _ mus, lau _ da _ mus; p
confi _ te _ mur, te De _ um, æ _ ter _ num Pa _ trem, te om _ nis, om _ nis
Pa _ trem, te æ _ _ ter _ num Pa _ trem omnis ter _ _ ra _
74
p
p
p
p
p
3

82
a 4.
a 2.
II.
ter ra ve ne ra tur, omnis, omnis terra,
te omnis ter ra ve ne ra tur, omnis, omnis terra,
ter ra, om nis ter ra, omnis, omnis terra,
om nis ter ra ve ne ra tur, omnis ter ra, omnis
te omnis ter ra ve ne ra tur, omnis, omnis terra, omnis
ter ra ve ne ra tur, omnis ter ra, omnis
ve ne ra tur.
82

90
a 4.
a 4.
a 4.
a 2.
f
a 4.
f
II. III.
a 2.
f
ter _ ra ve _ ne _ ra _ _ _ _ _ tur. Te De _ um lau _ da _ mus,
ter _ ra ve _ ne _ ra _ _ _ _ _ tur. Te De _ um lau _ da _ mus; te Do _ mi _
ter _ ra ve _ ne _ ra _ _ _ _ _ tur. Te De _ um lau _ da _ mus; te Dominum confi _
ter _ ra ve _ ne _ ra _ _ _ _ _ tur. Te De _ um lau _ da _ mus,
ter _ ra ve _ ne _ ra _ _ _ _ _ tur.
ter _ ra ve _ ne _ ra _ _ _ _ _ tur. Te omnis ter _ ra ve _ ne _ ra _ tur,
mf
mf
mf
mf
mf
90

te De _ um lau _ da _ _ _ _ _ mus, te De _ um lau _ da _ mus, te
num confi_te _ mur. Te lau _ damus, te De _ um lau _ da _ mus; te De _ um con _ fi _ te _
te _ mur, te Dominum confi _ te _ _ _ mur. Te æ _ ter_num Pa _ trem, te De _ um lau_
Te De_um lau _ da _ _ mus.
om _ nis, om _ nis ter _ ra ve _ ne_ra _ tur.

105
De_um lau_da_mus; te Dominum confi_te_mur. Te lau_da__mus.
mur, te Pa_trem con_fi_te_mur. Te lau_damus, te lau
da_mus._ Te omnis ter_ra vene_ra_tur, te om_nis ter_ra
Te æ_ter_num Pa_trem omnis ter_ra ve_ne_ra_tur;
Om_nis ter_ra te ve_ne_ra_tur, te æ_ter_num
Te æ_ter_num Pa_trem omnis ter_ra ve_ne_ra__tur,
Te æ_ter__num Pa_trem omnis ter_ra ve_ne_ra__tur,
105

111
a 4.
a 4.
Te æ _ ter _ num
da _ _ _ _ _ _ mus.
Te æ _ _ _
ve _ ne _ ra _ _ tur,
te om _ nis ter _ ra
te lau _ da _ _ _ _ mus.
Pa _ _ _ trem, æ _ ter _ num Pa _ _ _ trem,
te om _ nis, om _ nis ter _ ra ve _ ne _ ra _ _ _
111

115
Pa _ _ _ _ trem, æ _ ter _ num Pa _ _ trem ve _ ne _
ter _ _ num Pa _ _ trem, te De _ _ um ve _ ne _
ve _ ne _ ra _ _ tur, te ve _ ne _
Om _ _ nis ter _ _ _ ra, te ve _
te om _ nis ter _ ra ve _ ne _ ra _ _ tur,
tur, te om _ nis ter _ ra, om _ _ nis ter _ ra ve _ ne _
Te
115

119
a 4.
a 4.
a 2.
a 2.
a 2.
a 2.
a 2.
I. II.
III.
ra _ tur om _ nis ter _ _ _ ra. Te De _ um lau _ da _ mus, te De _ um lau _ da _ mus,
ra _ tur om _ nis ter _ ra. Te De _ um lau _ damus, te De _ um lau _ da _ mus, te De _
ra _ tur omnis ter _ _ ra. Te De _ um lau _ da _ mus, te De _ um lau _ da _ mus.
_ neratur om _ nis ter _ _ ra. Te De _ um lau _ da _ _ _ mus.
te vene _ ratur om _ nis ter _ ra. Te De _ um lau _ da _ _ mus.
ra _ _ _ tur, te _ vene _ ra _ _ _ _ _ tur, te De _
De _ um lau _ da _ mus. Omnis ter _ ra te vene _ ra _ tur, om _ nis ter _ ra te vene _ ra _ tur.
119
Ped.. _

127
a 6.
muta in B (Sib)
te De_um lau_da _ _ _mus.
um,
te De_um lau_da_mus.
Te om_nis ter_ra ve_ne_ra_ _ _tur.
Te_ om_ _nis_ ter_ra ve_ne_ra_ _tur.
Te om_nis terra ve_ne_ra_tur. Te De_um lau_da_mus.
um. Te om_ _nis ter_ra ve_ne_ra_ _tur.
127

136
5
a 4.
a 4.
a 4.
pp
Te om - - nis ter - - - -
pp
Te om - - nis ter - - - -
pp
Te om - - nis ter - - - -
pp
Te om - - nis, om - - nis
pp
Te om - - nis, om - - nis
pp
Te om - - nis, om - - nis
136
pp
pp
pp
pp
pizz.
p
5

142
ra, te ve _ ne _ ra _ tur, om _ nis ter _ ra,
ra, te ve _ ne _ ra _ tur, om _ nis ter _ ra,
ra ve _ ne _ ra _ tur, om _ nis ter _ ra,
ter _ ra ve _ ne _ ra _ tur, om _ nis ter _ ra,
ter _ ra ve _ ne _ ra _ tur, om _ nis ter _ ra,
ter _ ra ve _ ne _ ra _ tur, om _ nis ter _ ra,
142
div.
unis.
arco

un poco riten.
149
pp
I.
pp
ppp
un poco riten.
om_nis ter_ra,   om_nis ter_ra ve_ne_ra_____tur.
om_nis ter_ra,   om_nis ter_ra ve_ne_ra_____tur.
om_nis ter_ra,   om_nis ter_ra ve_ne_ra_____tur.
om_nis ter_ra,   om_nis ter_ra ve_ne_ra_____tur.
om_nis ter_ra,   om_nis ter_ra ve_ne_ra_____tur.
Te ve_ne_ra_____tur.
pp
149
div.
div.
div.
unis.
un poco riten.
(attacca)

2. Tibi omnes
(Hymne)

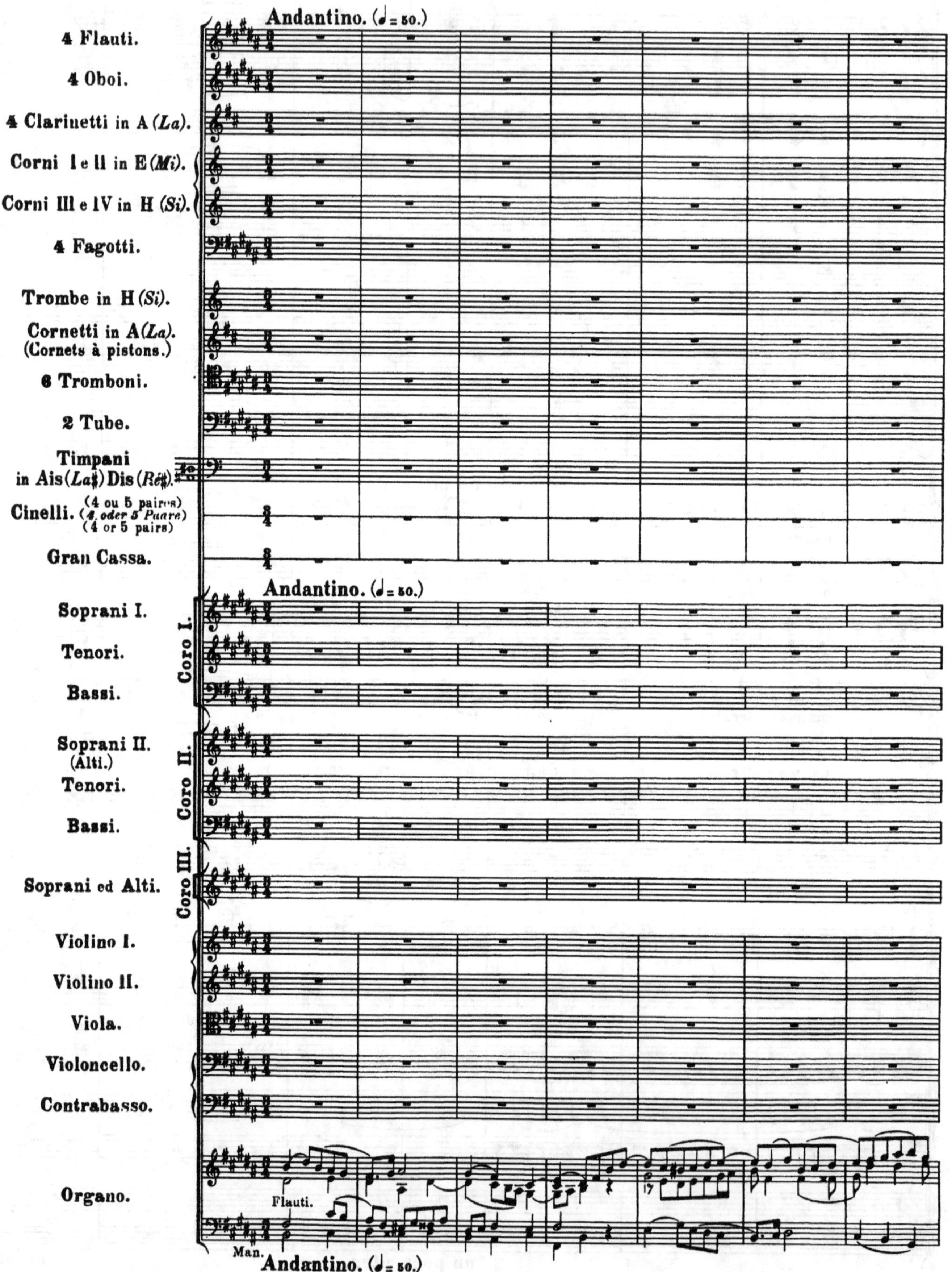

Org.
6 Poco più animato.
Fll.
mf dolce
Ob. I. u. 2.
mf dolce
Clar. I. u. 2.
mf dolce
Coro I. Sopr.
Ti_bi, ti_bi om_nes An_ge_li, ti_bi Cœ_li et_ Potes_
pizz.
pizz.
pizz.
pizz.
6 Poco più animato.
Fl.
Ob.
Clar.
Cor. I e II.
ta_ _ _tes, Ti_bi Che_ru_bim et_______ Se_raphim,
Org.
Ped.

33
Cor. I e II.
Coro I. Sopr.
Coro II. Sopr.
in _ ces _ sa _ bi _ li vo _ ce pro _
in _ ces _ sa _ bi _ li vo _ ce pro _ cla _ mant, in _ ces _ sa _ bi _ li vo _ ce pro _
arco
arco
arco
arco
40
Fl.
Ob.
Clar.
Cor. I
cla _ mant: Sanc _ _ _ tus,
cla _ mant: Sanc _ _ _ tus,
div.

45
Fl.
Ob.
Clar.
Sanc - - - - tus, Sanc -
Sanc - - - - tus, Sanc -
pp
pp
pp
pp
45
unis.
p
p
50
cresc.
cresc.
cresc.
cresc.
- - - tus, Sanc - - -
cresc.
tus, Sanc - - -
poco cresc.
p
poco cresc.
poco cresc.
poco cresc.
50

55
Fl.
Ob.
Clar.
Cor.
Fag.
Tr.
Ctti.
Tromb.
Tube.
Timp.
Cinelli.
Gran Cassa.
Sopr.
Ten.
Bassi.
Coro I.
Sopr.
Ten.
Bassi.
Coro II.
Coro III.
55
mf
f
a4.
I.
mf
II.
mf
Sanc
tus, De us Sa baoth! Ple ni sunt cœ li et
p cresc.
tus, De us Sa baoth! Ple ni sunt cœ li et
Ple ni sunt cœ li et
tus, De us Sa baoth! Ple ni sunt
mf cresc.
De us Sa baoth! Ple ni sunt
Ple ni sunt cœ li et
Ple ni sunt cœ li et
div.
unis.
f

60
tenuto
8
tenuto
tenuto
tenuto
tenuto
tenuto
tenuto
tenuto
tenuto
tenuto
mf
mf
(laissez vibrer)
(vibriren lassen)
(to be left vibrating)
ter - ra majes - ta - tis glo - ri æ tu - æ.
ter - ra majes - ta - tis glo - ri æ tu - æ.
ter - ra majes - ta - tis glo - ri æ tu - æ.
cœ - li - majes - ta - tis glo - ri æ tu - æ.
cœ - li - majes - ta - tis glo - ri æ tu - æ.
ter - ra majes - ta - tis glo - ri æ tu - æ.
ter - ra majes - ta - tis glo - ri æ tu - æ.
60
tenuto
tenuto
tenuto
div.
unis.
tenuto
tenuto
mf cresc.
8 Ped.

70
Clar.
Cor. I.
Cor. III.
Fag.
Coro I. Ten.
Coro II. Ten.
I. a 2.
III.
Te glo _ ri _ o _ sus cho _ rus A _ pos _ to _ lo _ rum,
Te Pro _ phe _ ta _ rum lau _ da _ bilis numerus,
70
78
Fl. a 2.
Clar.
I.
Cor. III.
Fag.
I. III.
poco f
poco f
poco f
poco f
Te Marty _ rum lau _ dat can _ di _ da _ tus e _ xer _ citus.
Om _ nes, om _ nes, om _ nes ti _ bi
78
mf
p

86
Fl.
Ob. I a 2.
Clar. I a 2.
Cor.
I
III
Fag. I. III.
Tr. II. IV.
Ctti.
Tromb.
Tube.
Timp.
Cinelli.
Gran Cassa.
Sopr.
Ten.
in _ ces _ sa _ bi _ li vo _ ce pro _ clamant:
Basso.
Sanc
Sopr.
Ten.
in _ ces _ sa _ bi _ li vo _ ce pro _ clamant: Sanc
Basso.
Coro I.
Coro II.
Coro III.
86
pizz.
pizz.
pizz.
div.
9

92
Sanc - - - - - - - tus, Sanc - -
tus, Sanc - - - - - tus,
Sanc - - - - - - tus, Sanc - - -
tus, Sanc - - - - - tus,
92
Ped. - - - - - - - - - - - - - - -

97
tus, Sanc
Sanc tus,
tus, Sanc
Sanc tus,
arco
div.
div. arco
arco
unis.
pizz.

102
cresc.
cresc.
cresc.
mf cresc.
mf cresc.
tus, Sanc _ _ _ tus, _______ De _ us Sa _ baoth!
Sanc _ _ _ _ _ _ tus, _______ De _ us Sa _ baoth!
tus, Sanc _ _ tus, _______ De _ us Sa _ baoth!
Sanc _ _ _ _ _ tus, _______ De _ us Sa _ baoth!
De _ _ _ us Sa _ baoth!
102
cresc.
cresc.
cresc.
cresc.

Pleni sunt cœli et terra majestatis gloriæ tu_
Pleni sunt cœli et terra majestatis gloriæ tu_
Pleni sunt cœli et terra majestatis gloriæ tu_
Pleni sunt cœli majestatis gloriæ tu_
Pleni sunt cœli majestatis gloriæ tu_
Pleni sunt cœli et terra majestatis gloriæ tu_
Pleni sunt cœli et terra majestatis gloriæ tu_

113
10
tenuto
ff
a 2.
mf
a 2.
mf
a 4.
mf
laissez vibrer
vibriren lassen
to be left vibrating
mf
Te per or _ bem, per or _ bem ter _
113
tenuto
p
p
p
mf
Ped.
10

122
a 4.
mf
mf
mf
poco più f
poco più f
mf
f
f
a 2.
mf
poco più f
ra_rum sanc_ta con_fi_te_tur Ec_cle_si_a, Pa_trem im_
f
Pa_trem im_
122
mf
f
mf
f

128
II.(a 2.)
I. (a 2.)
div.
men _ sæ ma _ jes _ ta _ tis, veneran_dum tu _ um ve _ rum et u_nicum Fi_lium,
et u_nicum Fi_lium,
men _ sæ ma _ jes _ ta _ tis, veneran_dum tu _ um ve _ rum et u_nicum Fi_lium,

sanctum quoque pa_ra_cletum Spi_ri_tum. Omnes ti_bi pro_clamant: Sanc_
sanctum quo_que pa_ra_cletum Spi_ri_tum. Omnes pro_clamant: Sanc_tus,_
sanctum quoque pa_ra_cletum Spi_ri_tum. Omnes ti_bi pro_clamant: Sanc_
Sanc_tus,_
Sanc_
Omnes ti_bi pro_clamant: Sanc_tus,_
unis.
pizz.
poco f

146
Sanc _ _ _ tus, Sanc _ _ tus, Sanc _ tus,
tus, Sanc _ _ tus,
tus, Sanc _ _ _ _ _ tus,
Sanc _ _ _ tus, Sanc _ _ tus, Sanc _ tus,
Sanc _ _ _ tus, Sanc _ _ tus, Sanc _ tus,
tus, Sanc _ _ _ _ tus,
146
arco
arco
arco
arco
arco

151
11
a 2.
a 2.
a 4.
a 2.
(a 6.)
f
f
f
Sanc _ _ _ tus, De _ us Sa _ baoth! Ple _ ni sunt cœ _ li et
Sanc _ _ _ tus, De _ _ us Sa _ baoth! Ple _ ni sunt cœ _ li et
Sanc _ _ _ tus, De _ us Sa _ baoth! Ple _ ni sunt cœ _ li et
Sanc _ _ _ tus, De _ us Sa _ baoth! Ple _ _ ni sunt
Sanc _ _ _ tus, De _ us Sa _ baoth! Ple _ _ ni sunt _
Sanc _ _ _ tus, De _ us Sa _ baoth! Ple _ ni sunt cœ _ li et
Ple _ ni sunt cœ _ li et
151
11

157
a 2.
a 4.
I. II.
III.
laissez vibrer
vibriren lassen
to be left vibrating
ter_ra majes_ta_ _ _tis glo_ _ri_æ tu_ _ _æ, ma_
ter_ra majes_ta_ _ _tis glo_ _ri_æ tu_ _ _æ, ma_
ter_ra majes_ta_ _ _tis glo_ _ri_æ tu_ _ _æ, ma_
cœ_li majes_ta_ _ _tis glo_ _ri_æ tu_ _ _æ, ma_
cœ_li majes_ta_ _ _tis glo_ _ri_æ tu_ _ _æ, ma_
ter_ra majes_ta_ _ _tis glo_ _ri_æ tu_ _ _æ, ma_
ter_ra majes_ta_ _ _tis glo_ _ri_æ tu_ _ _æ,
157

jes _ ta _ tis glo _ ri _ æ tu _ æ, glo _ ri _ æ tu _ _ _ æ.
jes _ ta _ tis glo _ ri _ æ tu _ æ, glo _ ri _ æ tu _ _ _ æ.
jes _ ta _ tis glo _ ri _ æ tu _ æ, glo _ ri _ æ tu _ _ _ æ.
jes _ ta _ tis glo _ ri _ æ tu _ æ, glo _ ri _ æ tu _ _ æ.
jes _ ta _ tis glo _ ri _ æ tu _ æ, glo _ ri _ æ tu _ _ æ.
jes _ ta _ tis glo _ ri _ æ tu _ æ, glo _ ri _ æ tu _ _ æ.
ma _ jes _ ta _ tis, glo _ ri _ æ, glo _ ri _ æ tu _ æ.

Retenez un peu le mouvement qui a dû s'animer légèrement.
The tempo, which has become somewhat accelerated, must be retarded a little here.
172
12
Un poco ritenuto.
Viol. I.
Viol. II.
Viola.
Vcello.
C. B.
pp
pp
pp
pp
p
Org.
Ped.
12
Un poco ritenuto.
183
Fl.
I a 2.
p dolce
Ob.
I a 2.
p dolce
Clar.
I a 2.
p dolce
Fag.
p dolce
Ctti.
I.
p dolce
183
Ped.

3. Præludium

Si le Te Deum n'est pas exécuté dans une cérémonie d'actions de grâce pour une victoire ou toute autre se ralliant par quelque point aux idées militaires, on n'exécutera pas ce prélude. — (H. Berlioz.)

Wenn dieses Te Deum nicht zu einem Dankgottesdienst für einen Sieg oder irgend einer anderen Militärischen Gelegenheit aufgeführt wird, möge dieses Stück weggelassen werden.

If the Te Deum be performed neither for a Thanksgiving after a victory, nor for any other Service of a military character, this Prelude must be omitted.

15
Fag. I. III.
Fag. II. IV.
a 2.
15
div.

20
13
mf
mf
mf
a 2.
mf
a 2.
mf
a 2.
mf
I.
mf
mf
a 2.
(Baguettes d'éponge.)
(Schwammschlägel.)
(Sponge-headed drum-sticks.)
p
20
mf
mf
mf
unis.
mf
mf
13

30
cresc. molto
mf
cresc. molto
a 4.
cresc. molto
a 2.
cresc. molto
cresc. molto
cresc. molto
cresc. molto
mf cresc. molto
mf
cresc. molto
cresc. molto
cresc. molto
30
cresc. molto
cresc. molto
cresc. molto
cresc. molto
cresc. molto

38
14
I. II.
III.
a 4.
a 4.
a 2.
a 2.
a 2.
38
14

46
G.P. un poco ritenuto
Silence.
lunga
G.P.
Silence.
2 Soli.
a 2.
a 2.
a 2.
2 Soli.
pizz.
div.
div.
unis.
unis.
pizz.
pizz.
pizz.
pizz.
46
G.P.
Silence. un poco ritenuto
G.P.
lunga
Silence.
(attacca)

4. Dignare
(Prière)

III.
p>
Ped.

Dignare, Do_mine, dig _ na _ re, Do _ _ mi _ ne, dig na _ re, dig _
Digna_re, Do_mine, dig _ _
Do_mine,
Do_mine,

re, Do_mi_ne, di_e is _ to, dig_na _ _re, die is_ _to, dig_na _ re, si_ne pec
na_ _re, Do_ _mi_ne, di_e is_ to, dig_na_ _re, dig_ na_ re, dig_
dig_na _ re, si_ne pec _ ca _ _to,
dig_na _ re, si_ne pec _ ca _ _to,

34
ca _ _ to, Do _ _ mine, nos cus _ to _ di _ _ re, si _ ne pec _ ca _ _ to,
na _ re, Do _ _ mine, si _ ne pec _ _ ca _ to, nos cus _ to _ di _ _ re, si _ ne pec _ ca _
hos cus _ to _ di _ _ re, Do _ _ mi _
hos cus _ to _ di _ _ re, Do _ _ mi _

41
p
is _ _ to di _ e, dig _ _ na _ re, nos cus _ to _ _ di _ re, si _ ne pec _ ca _ to, di _ e
_ _ to, si _ ne pec _ ca _ _ to, is _ _ to di _ e, dig _ _ na _ re, Do _ mi _ ne,
ne, dig _ na _ _ re, di _ e is _ to, nos
ne, dig _ na _ _ re, di _ e is _ to, nos
41
poco sf
p

is _ to, dig _ _ na_re, Domine, nos _ cus_to _ di _ re, dig _ na_re, Do_mi_ne!
nos_ cus_ _to_di _ re, si _ ne pec _ ca _ to! Æ _ _
cus_to_di _ re, nos cus_to _ di _ re, si _ ne pec _ ca _ to! Æ _
cus_to_di _ re, nos cus_to _ di _ re, si _ ne pec _ ca _ to! Æ_

16
55
a 2.
p
Æ _ ter _ _ nâ fac, cum_ Sanc _ tis tu _ _ is, cum Sanctis tu _ _
ter _ _ _ nâ fac, cum Sanc_tis tu _ is, cum Sanctis tu _
ter _ nâ fac, cum Sanctis tu _ is, in glo_ri_â nu_me _ ra_ri, æ _ter_na fac,
ter _ nâ fac cum Sanctis tu_is, in glo_ri_â nu_me_ra_ri, æ _ter_nâ fac,
poco sf
55
16

61
cresc. poco a poco
cresc. poco a poco
cresc. poco a poco
cresc. poco a poco
mf cresc.
cresc.
cresc. poco a poco
mf cresc.
cresc. poco a poco
in glo_ri_â nu_me_ra_ri, in glo_ri_â nu_me
cresc. poco a poco
is, in glo_ri_â nu_me_ra_ri, æ_ter_nâ glo_ri_â
cresc. poco a poco
cum Sanc_tis tu_is, in glo_ri_â nu_me_ra_ri, fac nos in
cresc.
Fac nos nu_me
cresc. poco a poco
Fac nos nu_mera_ri in glo_ri_â
cresc. poco a poco
cum Sanc_tis tu_is, in glo_ri_â nu_me_ra_ri, fac nos in
61
cresc. poco a poco
cresc. poco a poco
cresc. poco a poco
cresc. poco a poco

ra _ ri, in glo_ri_a nu_me_ra _ _ _ ri, mi _ se_re _ re nos _ tri,
fac nu_me_ra _ ri, cum Sanc _ tis tu _ is,
glo_ri_a nu_me_ra_ri, cum Sanc _ tis, Sanctis tu _ is, mi _ se _ re _ re
ra _ _ _ ri, cum Sanctis tu _ is, mi _ _ se _ re _ re
fac nume_ra _ ri, cum Sanc _ _ tis, mi _ se_re _ re
glo_ri_a nu_me_ra_ri, cum Sanc _ tis, Sanctis tu _ is, mi _ se _ re _ re

72
Fag. I. II.
a 2
I.
mi _ se _ re _ re nos _ tri, cum Sanc _ tis tu _ is, fac
mi _ se _ re _ re nos _ tri, cum Sanc _ tis tu _ _ is, fac nu _ me _ ra
nos _ tri, Do _ mine, mi _ se _ re _ re nos _ tri, Do _ mine, fac æ _ ter _ nâ, cum Sanc _ _ tis
nos _ tri,
nos _ tri, Do _ mine, mi _ se _ re _ re nos _ tri, Do _ mine, fac æ _ ter _ nâ, cum Sanc _ _ tis
72

nu_me_ra_ri, in æ_ter_nâ, in æ _ ter _ nâ glo _ ri_
ri, fac,Domi _ ne nume_ra_ri, in æ _ ter _ nâ glo _ ri_
tu _ is, in glo_ri_â fac nos nu _ me_ ra _ _
cum Sanc_tis tu_is, in æ _ ter _ nâ glo _ ri_
cum Sanc_tis tu _ is, in æ _ ter _ nâ glo _ ri_
tu_is, in glo_ri_â fac nos nu _ me _ ra _ _

82
18
a 2.
I.
III.
Dig _ na _ re,
Dig.
Dig _ na _
Dig _ na _ re,
Dig _ na _
82
unis.
18

88
II.
p
a 2.
p
a 2.
p
Do _ mine, dig _ na _ re, Do _ mine, nos cum Sanc _ tis, in glo_ri_â nu_me_ra _ ri, mi_se_re
_ na _ re, Do_mine, cum Sanc _ tis tu_is, nos nume_ra_ri, mi_se
re, Do _ mi _ ne, dig _ na _ re, nos cum Sanctis, cumSanctis tu _ is
Do_mine, dig _ na_ re, Do_mine, nos cum Sanc _ tis nu _ me _ ra _ ri,
re, Do _ mi _ ne, dig _ na _ re, nos cum Sanctis, cumSanctis tu _ is
88
ff

95
Un poco ritenuto.
a 2.
I.
I.
III.
Un poco ritenuto.
re nos_tri, mi_se_re_re nos_tri, dig_na_re, dig_na_re, is_to
re_re nos_tri, mi_se_re_re nos_tri, dig_na_re, dig_na_re,
nos nu_me_ra_ri, dig_na_re,
mi_se_re_re nos_tri,
nos nu_me_ra_ri, dig_na_re,
Dig_
95
Un poco ritenuto.

102
Rallent. e perdendo.
I.
I.
I.
p
pp
p
pp
a 2.
p
p
pp
pp
Rallent. e perdendo.
di _ e, si _ ne pec _ ca _ to, Do _ mi _ ne, nos cus _ to _ di _ _ re!
Do _ mine, si _ ne pec _ ca _ to nos cus _ to _ di _ _ re!
Domine, Do _ mine, nos cus _ to _ di _ _ re!
dig _ _ na _ re, Do _ mi _ ne, nos cus _ to _ di _ _ re!
na _ _ _ re, Do _ mi _ ne, nos cus _ to _ di _ _ re!
Domine, Do _ mine, nos cus _ to _ di _ _ re!
102
pp
pp
pp
Rallent. e perdendo.
Ped. _ _

5. Christe, Rex Gloriæ
(Hymne)

a 4.
I (a 2.)
a 4.
a 4.
a 2.
III.
a 2.
a 4.
a 2.
Tu, Christe, rex, Chris - te, tu,__ rex__ glo - riæ, Pa - tris__
nus Fi - li - us, tu, Chris - te, tu,__ rex__ glo - riæ, Pa - tris__
nus Fi - li - us, tu, Chris - te, tu, rex glo - riæ, Pa - tris__
Tu, Christe, rex, tu,__ Chris - te, rex glo - riæ, Chris -
nus Fi - li - us, tu, Chris - te, tu, rex glo - riæ,
nus Fi - li - us, tu, Chris - te, tu, rex glo - riæ, Chris - te,
arco
arco

a 4.
a 4.
a 4.
III.
I.
a 4.
sem_pi_ter _ nus Fi_li_us, tu, de _ vic _ to mor _ tis a _ cu _ le_o,
sem_pi_ter _ nus Fi_li_us, tu, de_ vic_ to mor _ tis a_ cu _ le_o,
sem_pi_ter _ nus Fi_li_us, tu, de_ vic_ to mor _ tis a_ cu _ le_o,
te, a _ pe_ru _ is _ ti, de _ vic_to mor _ tis, mor _
a _ pe_ru _ is _ ti, de _ vic_to mor _ tis, mor _
pizz.
mf
pizz.
mf
mf

a _ pe _ ru _ is _ _ti cre _ den _ ti _ bus, a _ pe _ ru _ is _ ti reg _ na coe _
a _ pe _ ru _ is _ _ti cre _ den _ ti _ bus, a _ pe _ ru _ is _ ti reg _ na coe _
a _ pe _ ru _ is _ _ti cre _ den _ ti _ bus, a _ pe _ ru _ is _ ti reg _ na coe _
tis a _ cu _ le _ o, reg _ na coe _ lo _ _ rum a _ pe _ ru _ is _ ti, a _
a _
tis a _ cu _ le _ o, reg _ na coe _ lo _ _ rum a _ pe _ ru _ is _ ti, a _
arco
arco
arco

27
19
(sempre f)
a 4.
a 4.
a 2.
a 2.
a 4.
I.
(sempre f)
lo - - - rum. Tu, Chris - te, tu, rex glo - ri - æ, Pa - tris sem - pi - ter -
lo - - - rum. Tu, Chris - te, tu, rex glo - ri - æ,
lo - - - rum. Tu, Chris - te,
pe - ru - is - ti reg - na cœ - lo - rum. Tu,
pe - ru - is - ti reg - na cœ - lo - rum.
pe - ru - is - ti reg - na cœ - lo - rum.
27
19
(sempre f)

35
a 2.
a 2.
a 4.
a 2.
nus Fi_li_us,   tu,   Chris_te,   tu,_ rex_ glo_ri_æ,   Pa_tris_ sem_ _pi_
Pa_tris_ sem_piternus Fi_li_us,   tu,   Chris_te,   Pa_tris sem_pi_ter_nus
rex_glo_ri_æ,   tu,   Chris_te,   tu,_ rex glo_ri_æ,   tu,   Pa_tris
sem_piternus Fi_li_us,
Tu,_ Chris_te,_ rex glo_ri_æ,
Tu,   rex glo_ri_æ,
35

43
a 4.
a 4.
a 3.
III.
I.
pizz.
pizz.
pizz.
43
ter_nus Fi_li_us, tu, de_vic_to mor_tis a_cu_le_o, a_pe_ru_
Fi_li_us, tu, de_vic_to mor_tis a_cu_le_o, a_pe_ru_
sem_piter_nus Fi_li_us, tu, de_vic_to mor_tis a_cu_le_o, a_pe_ru_
a_pe_ru_is_ti reg_na cœ_lo_rum,
a_pe_ru_is_ti, a_pe_ru_is_ti reg_na cœ_lo_rum,

50
is _ ti cre _ den _ ti_bus, a _ pe_ruis _ ti reg _ na coe _ lo _ rum. Tu,
is _ ti cre _ den _ ti_bus, a _ pe_ruis _ ti reg _ na coe _ lo _ rum.
is _ ti cre _ den _ ti_bus, a _ pe_ruis _ ti reg _ na coe _ lo _ rum.
reg _ na coe _ lo _ rum a _ pe_ruis _ ti, reg _ na coe _ lo_rum,
reg _ na coe _ lo _ rum a _ pe_ruis _ ti, reg _ na coe _ lo_rum,
a _ pe_ruis _ ti, reg _ na coe _ lo_rum,
50
arco
arco
arco

20
58
a 2.
a 2.
Christe, tu, rex gloriæ, tu, Christe, tu, rex gloriæ, Pa-tris sempi-ter-nus Fi-li-us.
Tu, Christe, tu, Chris-te, tu, rex glo-riæ, Pa-tris sempi-ter-nus Fi-li-us.
Tu, Chris-te, tu, rex glo-riæ, Pa-tris sempi-ter-nus Fi-li-us.
Chris-te! Tu, Chris-te, tu, rex glo-riæ, Pa-tris sempi-ter-nus Fi-li-us.
Chris-te! Tu, Chris-te, tu, rex glo-riæ, Pa-tris sempi-ter-nus Fi-li-us.
Chris-te! Tu, Chris-te, tu, rex glo-riæ, Pa-tris sempi-ter-nus Fi-li-us.
58
20

69
Poco ritenuto.
I.(a 2.)
I.
Poco ritenuto.
Solo. pp
Solo. p
Ad li _ be _ ran _ _dum su _ scep _ tu _ rus,
Su _ scep _
Solo. pp
Su _ scep _
Solo. pp
pp
Ad li _ be _ randum su _ scep _
69
pizz.
pizz.
pizz.
Poco ritenuto.

78
tu _ rus,   ho _ mi _ nem,   non hor _ ru _ is _ ti
ad li_be_ran_dum ho _ mi _ nem,   non hor _ ru _ is _ ti vir _ ginis _ u _ terum,
tu _ rus,   ho _ mi _ nem,   non hor _ ru _ is _ ti
tu _ rus,   ho _ mi _ nem,   non hor _ ru _ is _ ti
arco
78

87
Ritenuto.
poco rall..
pp
pp
I.(a 2.)
pp
pp
Ritenuto.
poco rall..
vir _ gi _ nis___ u _ te _ rum.
non hor_ru_is_ti vir_gi_nis u _ te _ rum,___ non hor_ru_is_ti vir_gi _ nis u _ te_rum.
vir _ _ gi _ nis___ u _ te_rum.
vir _ _ gi _ nis u _ te_rum.
87
pizz.
pp
pp
pp
div. arco
pp
Ritenuto.
poco rall..

80
95
21 Tempo I.(un poco animato)
a 4.
p
mf
a 4.
p
mf
a 4.
p
mf
I.
p
mf
a 4.
p
mf
p
mf
cresc.
mf
p

tutti
Tempo I.(un poco animato)
dolce
mf
tutti
dolce
Tu ad dex_teram De _ i se _ des in glo _ ri _ à, in glo _ ri _ à____ Pa _ tris,
dolce
Tu ad dex_teram De _ i se _ des in glo _ ri _ à, in glo _ ri _ à____ Pa _ tris,
dolce
Tu ad dex_teram De _ i se _ des in glo _ ri _ à, in glo _ ri _ à____ Pa _ tris,
tutti dolce
Tu ad dex_teram De _ _ _ _ _ _ _ _ _ i se _ des,
dolce
Tu ad dex_teram De _ _ _ _ _ _ _ _ _ i se _ des,
tutti dolce
Tu ad dex_teram De _ i se _ des in glo _ ri _ à, in glo _ ri _ à____ Pa _ tris,

95
arco
pizz.
p
arco
pizz.
p
unis.
pizz.
p
pizz.
p
pizz.
p

21 Tempo I.(un poco animato)

103
a 4.
a 4.
a 4.
I.
a 4.
I.
cresc.
tu ad dex_teram De _ i se _ _des in glo _ ri _ à, in glo _ ri _ à Pa_tris, in
tu ad dex_teram De _ i se _ des in glo _ ri _ à, in glo _ ri _ à Pa_tris, in
tu ad dex_teram De _ i se _ des in glo _ ri _ à, in glo _ ri _ à Pa_tris, in
tu ad dex_teram De _ i se _ des in glo _ ri _ à Pa_tris, in
tu ad dex_teram De _ i se _ des in glo _ ri _ à Pa_tris, in
tu ad dex_teram De _ i se _ des in glo _ ri _ à, in glo _ ri _ à Pa_tris, in
103
arco
pizz.
arco
pizz.
arco
pizz.
arco
pizz.
arco

111
a 4.
I.
mf
glo _ ri _ à _____ Pa _ tris, in glo _ ri _ à _____ Patris, in glo _ ri _ à _____ Pa _____ tris.
glo _ ri _ à _____ Pa _ tris, in glo _ ri _ à _____ Patris, in glo _ ri _ à _____ Pa _____ tris,
glo _ ri _ à _____ Pa _ tris, in glo _ ri _ à Patris, in glo _ ri _ à Pa _ tris se _
glo _ ri _ à _____ Pa _ tris, in glo _ ri _ à _____ Patris, in glo _ ri _ à _____ Pa _____ tris.
glo _ ri _ à _____ Pa _ tris, in glo _ ri _ à _____ Patris, in glo _ ri _ à _____ Pa _____ tris
glo _ ri _ à Pa _ tris, in glo _ ri _ à Patris, in glo _ ri _ à Pa _ tris se _
111
arco

118
22
a 4.
a 4.
a 4.
a 4.
a 2.
a 4.
se - - des ad dex - te -
des ad dex - - te -
se - - des ad dex - te - ram De - i,
des ad dex - - te
118
arco
arco
arco
arco
22

125
23
a 2 4.
sf
poco f
(dim.)
a 2.
sf
III.
mf (dim.)
poco f
(dim.)
f
poco f
(dim.)
ad dex_te_ram De_
ram De _ i, se _ _ _des ad dex_te_ram De _ i, ad dex_te_ram De_
ram De _ _ _ i Pa_
se _ _ des
ad dex_te_ram De_
se _ _ _des ad dex_te_ram De _ i, ad dex_te_ram De_
ram De _ _ _ i Pa_
125
ff
poco f (dim.)
poco f (dim.)
ff
poco f (dim.)
ff
poco f (dim.)
sf
sf
23

133

i Pa _ tris. Tu, ___ rex ___ glo _ _ _ ri _ æ, tu, ___ rex ___
i Pa _ tris. Tu, ___ rex ___ glo _ _ _ ri _ æ, tu, ___ rex
tris. Tu, rex glo _ _ _ ri _ æ, rex
i Pa _ tris. Tu, ___ rex glo _ _ _ ri _ æ, tu, ___ rex
i Pa _ tris. Tu, ___ rex glo _ _ _ ri _ æ, tu, ___ rex ___
tris. Tu, rex ___ glo _ _ _ ri _ æ, tu, rex ___

133

140
I.(a 2.)
I.(a 2.)
glo - - - ri - æ, tu, rex glo - - - ri - æ, tu,
glo - - - ri - æ, tu, rex glo - - - ri - æ, tu,
glo - - - ri - æ, rex glo - - - ri - æ, tu, Pa -
glo - - - ri - æ, tu, rex glo - - - ri - æ, th, Pa -
glo - - - ri - æ, tu, rex glo - - - ri - æ, tu, Pa -
glo - - - ri - æ, tu, rex glo - - - ri - æ, tu,
140

147
I.(a 2.)
mf
sempre cresc.
cresc.
cresc.
sempre cresc.
cresc.
sempre cresc.
III.
p cresc.
cresc.
sempre cresc.
p
cresc.
cresc.
sempre cresc.
Pa_tris,__ Pa_tris__ Fi_li_us,__ sem_piter_nus Fi_li_us, tu sem_piter_nus Fi_li_us, tu
cresc.
sempre cresc.
Pa_tris,__ Pa_tris__ Fi_li_us,__ sem_piter_nus Fi_li_us, tu sem_piter_nus Fi_li_us, tu
cresc.
sempre cresc.
tris sem_pi_ter_ nus Fi_li_us, sem_piter_nus Fi_li_us, tu sem_piter_nus Fi_li_us, tu
cresc.
sempre cresc.
tris sem_pi_ter_ nus Fi_li_us, sem_piter_nus Fi_li_us, tu sem_piter_nus Fi_li_us, tu
cresc.
sempre cresc.
tris sem_pi_ter_ nus Fi_li_us, sem_piter_nus Fi_li_us, tu sem_piter_nus Fi_li_us, tu
cresc.
sempre cresc.
Pa_tris, Pa_tris Fi_li_us, sem_piter_nus Fi_li_us, tu sem_piter_nus Fi_li_us, tu
147
cresc.
sempre cresc.
cresc.
sempre cresc.
cresc.
sempre cresc.
sempre cresc.
cresc.
sempre cresc.

24
154
a 4.
a 4.
a 4.
a 2.
a 2.
a 2.
a 2.
sem _ piter _ nus Fi _ li_us. Tu se _ _ _ _ des
sem _ piter _ nus Fi _ li_us. Tu se _ _ _ _ des
sem _ piter _ nus Fi _ li_us. Tu se _ des ad dex _ _ te _
sem _ piter _ nus Fi _ li_us. Tu se _ des ad dex _ _ te _
sem _ piter _ nus Fi _ li_us. Tu se _ des ad dex _ _ te _
sem _ piter _ nus Fi _ li_us. Tu _______ se _ _ _ des
154
24

159
a 4.
div.3
ad dex - - - te - ram, dex - te - ram De - - -
ad dex - - - te - ram, Pa - - - tris, De - -
ram se - - des ad dex - te - ram ad dex - te - ram De - - -
ram se - - des ad dex - te - ram ad dex - te - ram De - - -
ad dex - - - te - ram Pa - - - tris, De - -

a 4.
a 2.
- - - i___ Pa _ tris, ad dex _ te _ ram___ De _ - - - i___
- - - i___ Pa _ tris, ad dex _ te _ ram___ De _ - - - i
- - _ i Pa _ tris, ad dex _ te _ ram___ De _ - - - i
- - _ i Pa _ tris, ad dex _ te _ ram___ De _ - - - i
- - - i Pa _ tris, ad dex _ te _ ram___ De _ - - - i
- - _ i Pa _ tris, ad dex _ te _ ram___ De _ - - _ i
unis.

169
Pa - - - tris. Tu, rex glo - - ri - æ, tu, rex
Pa - - - tris. Tu, rex glo - ri - æ, glo - ri - æ, tu, rex
Pa - - - tris. Rex glo - ri - æ, Chris - te, rex glo - ri - æ, rex glo - ri -
Pa - - - tris. Tu, rex, tu, rex glo - - ri - æ, tu, rex
Pa - - - tris. Tu, rex glo - ri - æ, glo - ri - æ, tu, rex
Pa - - - tris. Rex glo - ri - æ, Chris - te, rex glo - ri - æ, tu, Chris -
169

176
25
a 2.
glo - - - - - - - - - - ri - æ, Christe, rex, rex glo - ri - æ.
glo - ri - æ, rex glo - - - ri - æ, Christe, rex, rex glo - ri - æ.
æ, rex glo - - - - ri - æ, Christe, rex, rex glo - ri - æ.
glo - - - - - - - - - ri - æ, Christe, rex, rex glo - ri - æ.
glo - ri - æ, rex glo - - - ri - æ, Chris - te, rex glo - ri - æ.
te, rex glo - - - - ri - æ, Christe, rex, rex glo - ri - æ.
176
25

184
a 4.
a 4.
a 4.
a 4.
III.
a 4.
184

6. Te Ergo Quæsumus
(Prière)

10
Fl.
Ob.
C.ingl.
Clar.
Cl. basso.
Fag. II. III.
10
16
26
Tenore Solo.
Te er _ go quæ _ _ sumus,
La moitié des instruments à cordes seulement.
Nur die Hälfte der Streichinstrumente.
Only one half the strings.
16
p
pizz.
26

te quæ_sumus, Do_mi_ne! fa_mulis___ tu_ _is sub_ve_ni, quos pre_ti_
Fl.
Ob.
C. ingl.
Clar.
Fag. I.
I.
p
p
p
p
poco f
o_ _so___ sanguine re_de_mis_ _ti, quos_ pre_ti_

o _ _ so san _ _ _ gui_ne, quos_ pre _ ti _ o _ _ so san _ guine
re _ _ de _ mis _ _ ti, re _ _ de _ mis _ _ ti! Te er _ go_
arco

45
Fl.
Ob.
C. ingl.
Clar.
Cl. basso.
Fag.
a 2.
Tromb.
p
p
p
45 _ quæ _ sumus, hu _ mi _ li _ bus tu _ _ _ is fa _ mu _ lis _ sub _ _ ve _ ni!
27
50
Ctti.
Tromb.
p
p
dim.
dim.
Ten. Solo.
Fi _ at su _
ppp
Coro I. Sopr.
p
dim.
Fi _ at su _ per nos mi _ se _ ri _ cor _ di _ a tu _ a, Do _ _ _ mi _ ne!
Coro II. Sopr.
p
dim.
ppp
50 Fi _ at su _ per nos mi _ se _ ri _ cor _ di _ a tu _ a, Do _ _ mi _ ne!
pp
pp
pp
pp
pp
pp
27
pp

per nos, su _ per nos, Do _ mi _ ne, mi _ _ _ se _ ri _ cor _ _ di _ a
tu _ _ _ a, Do _ _ mi _ ne, quem _ ad _ modum spe _ ra _ vimus in te!

Fl.
Ob.
C.ingl.
Clar.
Fi _ at_____ mi _ se _ ri _ cor _ _ di _ a, mi _ _ se _ ri
Vcello. e C.B.
arco
p
Fag. I.
poco f
C.tti.
p
Tromb.
p
cor _ _ _ di _ a tu _ _ _ _ _ a,
Coro I. Sopr.
p
Fi _ at su _ per nos mi _ se _ ri _ cor _ di _ a tu _ a,
Coro II. Sopr.
p
Fi _ at su _ per nos mi _ se _ ri _ cor _ di _ a tu _ a,
pizz.
f > p
p
pizz.
mf
f > p
p
pizz.
mf
f > p
p
mf
f p

75
Cl. basso.
28
Fag.
Ctti.
Tromb.
Do _ _ mi _ ne,
Do _ _ mi _ ne,
Do _ _ mi _ ne,
75
Do _ _ mi _ ne,
arco
poco f
28
80
Fl.
C. ingl.
Clar.
Cl. basso.
Fag.
quem _ _ ad _ mo _ dum
spe _ _ ra _ vimus
in
80
poco f
poco f
poco f
poco f
pp
pp
pp
pp

85
Fl.
Ob.
C. ingl.
Clar.
Cl. basso.
Fag.
Ctti.
Tromb.
un poco riten.
p
p
p
p
p
p
p
CORO I.
te!
Fiat super nos   mise_ricor_di _ a   tu _ a,   Do _ mine,   Do _ _ _ mine,   Do _ mi_
CORO II.
Fiat super nos   mise_ricor_di_a   tu_a,   Do_mi_ne,___   Do _ _ mine,   Do _ _ mi
85
pizz.
pizz.
pizz.
pizz.
Vcello.
pizz.
C. B.
pizz.
p   mf   f   p
un poco riten.

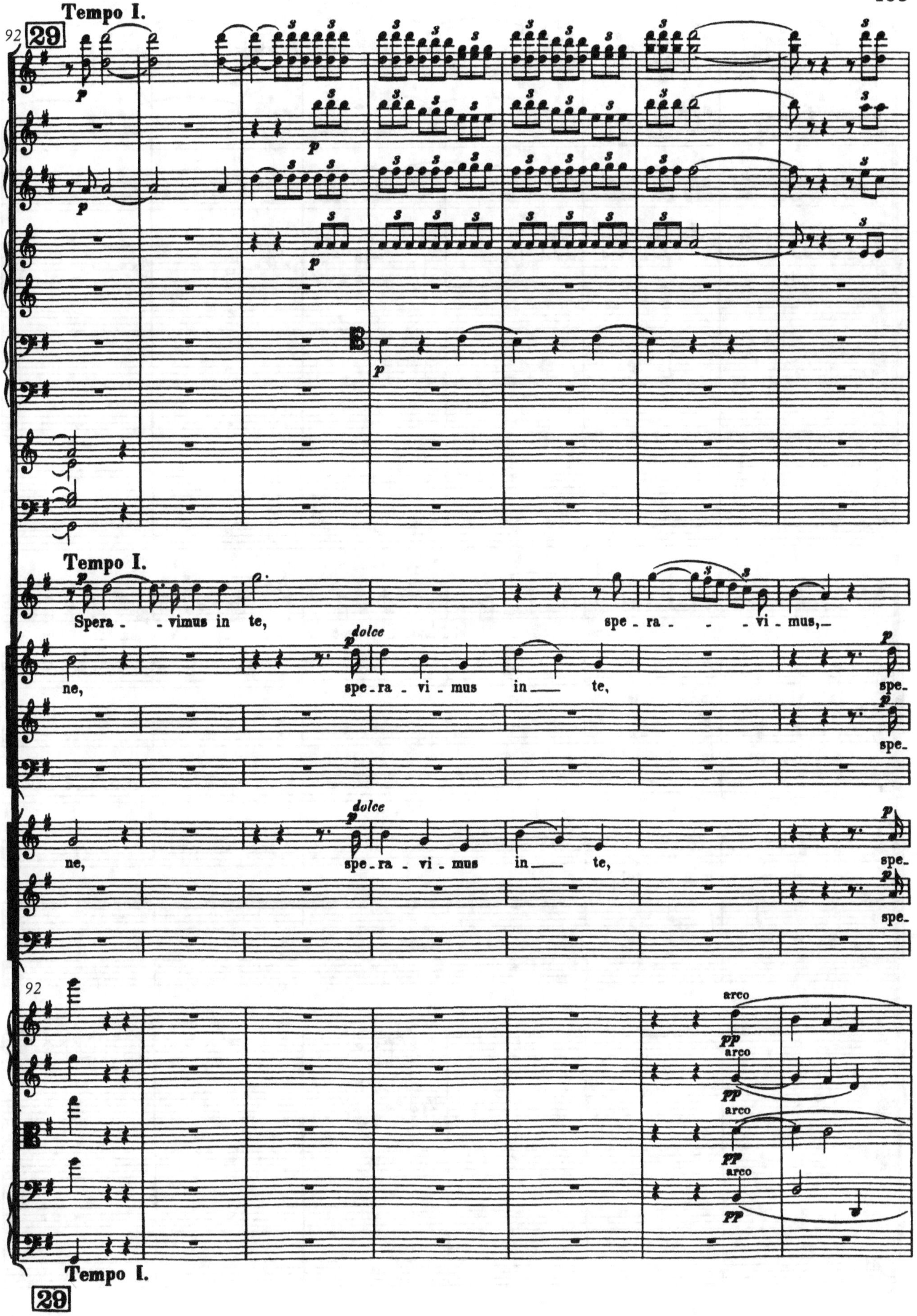
Tempo I.
29
Spera - vimus in te, spe - ra - - vi - mus,
ne, spe - ra - vi - mus in te, spe-
spe-
ne, spe - ra - vi - mus in te, spe-
spe-
dolce
arco
Tempo I.
29

spe_ra_ _ _vi_mus, spe_ra_ _ _vi_mus_ in
ra_vi_mus in_ te!
ra_vi_mus in_ te!
ra_vi_mus in_ te!
ra_vi_mus in_ te!

105
poco cresc.
poco cresc.
poco cresc.
poco cresc.
poco cresc.
te, Domi_ne, spe_ra_vi_mus in te, spe_ra _ _ _ _ _ _ _ vi_
105
poco cresc.
p poco cresc.
p poco cresc.
div.
p

110
ritenuto
30
Tempo I.
ritenuto
poco
Tempo I.
mus___ in te, Do _ mi _ ne!
ppp sotto voce
Fi_at su _ per nos mi_se_ri_cor_di_a, mi_se_ri_cor_di_a
ppp sotto voce
Fi_at su _ per nos mi_se_ri_cor_di_a tu _ _ _ _a,
ppp sotto voce
Fi_at su _ per nos mi_se_ri_cor_di_a, mi_se_ri_cor_di_a
ppp sotto voce
Fi_at su _ per nos mi_se_ri_cor_di_a, mi_se_ri_cor_di_a
ppp sotto voce
Fi_at su _ per nos mi_se_ri_cor_di_a, mi_se_ri_cor_di_a
ppp sotto voce
Fi_at su _ per nos mi_se_ri_cor_di_a, mi_se_ri_cor_di_a
110
poco
poco
poco
unis.
arco
ritenuto
30
Tempo I.

119
un poco ritenuto.
un poco ritenuto.
tu _ a, Do _ _ mi _ ne, quem _ ad _ modum spe _ ra _ _ vi _ mus in te!
Do _ _ _ mine, quem _ _ ad _ modum spe _ ra _ _ vi _ mus in te!
tu _ a, Do _ mi _ ne, quém _ _ ad _ modum spe _ ra _ _ vi _ mus in te!
tu _ a, Do _ mi _ ne, _ quem _ ad _ modum spe _ ra _ _ vi _ mus in te!
tu _ a, Do _ mi _ ne, quem _ _ ad _ modum spe _ ra _ _ vi _ mus in te!
tu _ a, Do _ mi _ ne, quem _ _ ad _ modum spe _ ra _ _ vi _ mus in te!
119
pizz.
pizz.
pizz.
pizz.
pizz.
un poco ritenuto.

7. Judex Crederis

(Hymne et Prière)

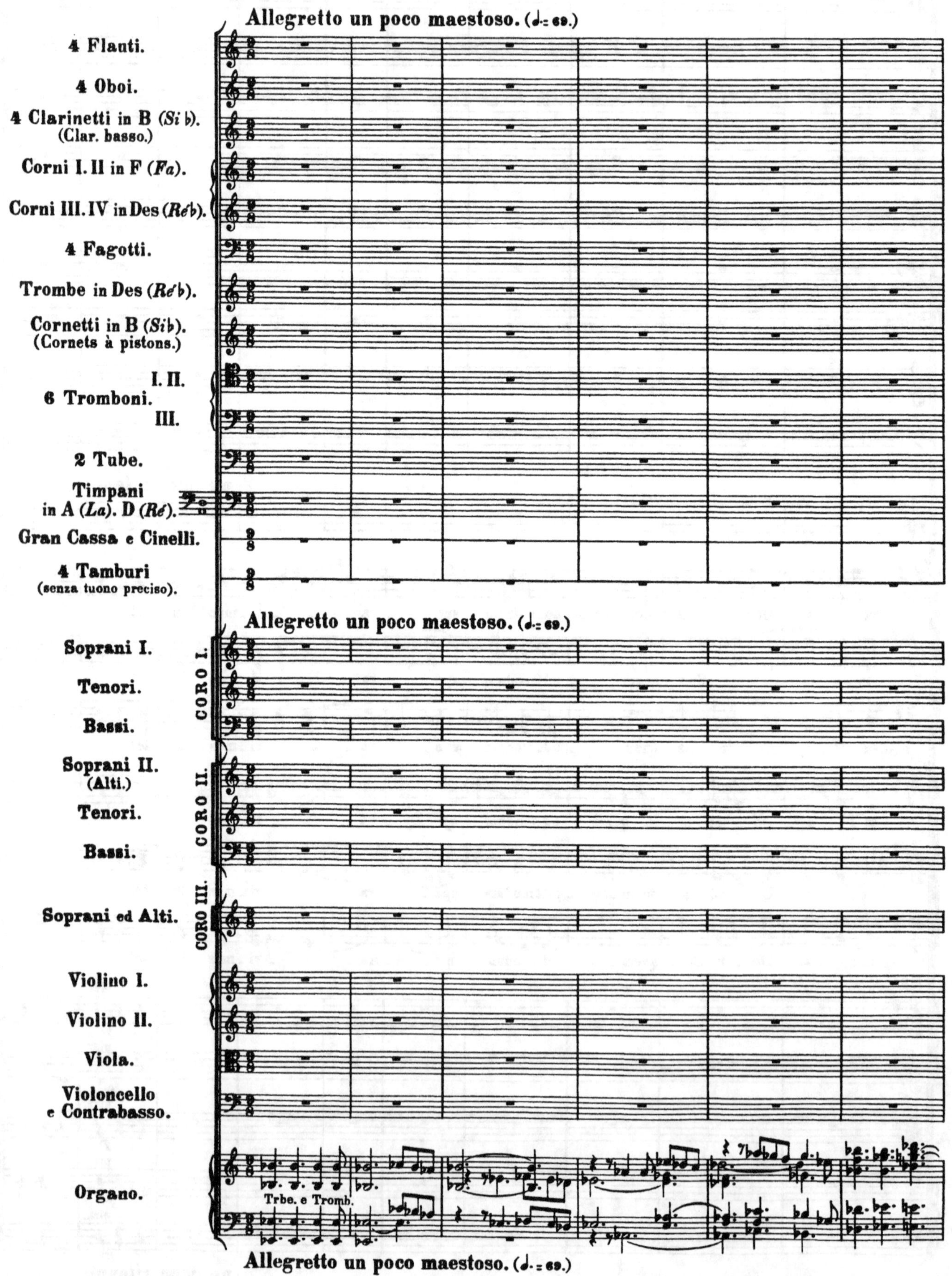

Ju _ dex cre _ de _ ris esse ventu _ rus.   In   te Do_mi_ne spe_ra _ vi; non con_
Ped.

13
a 4.
a 4.
a 2.
I.
Ju_dex cre_de_ris esse ventu_rus. In
fun_dar_ in æ_ter_num, non con_fun_dar in æ_ter_num, non confun_dar, in æ_ter_num. In_te,_
13

31
19
a 4.
a 4.
I.
I.
te, Domi_ne, spe_ra _ vi; non con_fun _ dar_ in æ_ter _ num,non con_fundar in æter_num. Crede_
Ju _ dex cre_de_
Domine, spera _ _ vi; non confun_dar, non confun_dar, non con_fun _ dar in æ_
Non con_fundar in æter_num. Crede_
Ju_dex crede _ris esse ventu _ rus. Do _ mine! Ju _ dex cre_de_
Non con_fundar in æ_
19
cresc.
31

25
I.
III.
f
f
f
f
f
f
ris   ju _ dex esse ventu _ rus.   Non ______ con fun _ dar,   non con fun _ . _ . _ dar in æ_ter _
ter _ num.
ris esse ventu _ rus.   In te, Domi_ne, spe _ ra _ vi; non con_fun_dar_ in æ _ ter _ num, non con
ris esse ventu _ rus.   In te, Do_mi _ ne,   spe _ ra _ . _ vi;   non con
ris esse ventu _ rus.   In te, Domine, spe _ ra _ vi; non con_fun _ dar _ in æ _ ter _ num, non,
ter _ num,   non, non confun _ dar.   In   te, Domi_ne, spe _ ra _ . _ vi, in te spe _
25

31
32
num, Do _ _mi_ne, non confun _ dar, Do_mi_ne, in_____ æ _ter _ _ _num,
fun_dar in æ_ter _ num, non confun _ dar in æ_ _ _ter _ _ _num,
Do_mi_ne, non_____ confun _ dar, Do_mi_ne, in_____ æ _ter _ _ _num,
fun_dar in æter_num, non_____ confun _ dar in æ_ _ter _ _ _num,
non, non, non_____ confun _ dar in æ _ter _ _ _num,
ra _ _vi; non con_fun _ dar, Do_mi_ne, in_____ æ _ter _ _ _num,
31
32
a 2.
a 4.

37
a.4.
a.4.
a.2.
non,__ non con_fun_dar, non,__ non con_fun_dar, non, non, non,__ non con_
non,__ non con_fun_dar, non,__ non con_fun_dar, non, non, non,__ non con_
non,__
non,__ non con_fun_dar, non, non, non,__
non,__ non con_fun_dar,
non,__ non con_fun___dar, non, non, non,__
37

fun_dar, non, non,— non, non, non— con fun dar, non con fun dar in æ—
fun_dar, non, non,— non, non, non— con fun dar, non con fun dar in æ—
non, non,— non, non, non— con fun dar, non con fun dar in æ—
non, non, non, non, non— con fun dar, non con fun dar in æ—
non, non, non, non, non— con fun dar, non con fun dar in æ—
non,non con fun dar, non con fun dar, non con fun dar in æ—

50
33
muta in Es (Mib)
a 2.
a 2.
a 2.
a 2.
Muta in F (Fa) alto, As (Lab).
dim.
mf
ter_num, in æ ter num.
ter_num, in æ ter num.
ter_num, in æ ter num.
ter_num, in æ ter num.
ter_num, in æ ter num.
ter_num, in æ ter num.
50
dim.
dim.
dim.
dim.
mf
p
33

57
mf
dolce
Sal_vum fac po_pulum, et be_ne_dic hæ_re_di_ta_ti tu_æ, Do_mi_ne,
Do_mine,
dolce
Sal_vum fac po_pulum, et be_ne_dic hæ_re_di_ta_ti tu_æ, Do_mi_ne,
Do_mine,
Do_mi_ne,
57
div.
Vcello.
C.B.

65
(mf)
(mf)
III.
mf
sal _ vum fac po _ pulum, et be _ ne _ dic hæ _ re _ di _ ta _ ti tu _ æ, Domine!
mf
sal _ vum fac po _ pulum, et be _ ne _ dic hæ _ re _ di _ ta _ ti tuæ, Domine!
65
pp
pp
unis.
pp
pp
pp

73
34
Baguettes d'éponge.
Schwammschlägel.
Sponge-headed drum-sticks.
I.
II.
Sal _ vum fac, Do _ mine, po _ pulum tu _ _ _ um!
Sal _ vum fac, Do _ mine, po _ pulum tu _ _ _ um!
73
div.
34

79
a 4.
Per______ sin _ gulos, per sin _ gulos di _ es be _ ne _ di _ _ _ cimus, lau _
Per______ sin _ gulos, per sin _ gulos di _ es be _ ne _ di _ _ _ cimus, lau _
79

85
a 4.
Et lau _ da _ _ mus no _ _ men tu _ _ um.
_ da _ mus te.
Et lau _ da _ _ mus no _ _ men tu _ _ um.
_ da _ mus te.
85

35
91
Sal _ va hæ _ re _ di _ ta _ tem tu _ am, Do _ mi _ ne! Per sin _ gulos,
Per sin _ gulos,
Sal _ va hæ _ re _ di _ ta _ tem tu _ am, Do _ mi _ ne! Per sin _ gulos,
Per sin _ gulos,
unis. div. unis.
91
35

97
a 2.
per sin_gulos di _ es be _ ne _ di _ _cimus, lau _ da _ mus te, Do_mine.
per sin_gulos di _ es be _ ne _ di _ _cimus, lau _ da _ mus te, Do_mine.
per sin_gulos di _ es be _ ne _ di _ _cimus, lau _ da _ mus te, Do_mine.
per sin_gulos di _ es be _ ne _ di _ _cimus, lau _ da _ mus te, Do_mine.
97

103
a 4.
36
poco f
poco f
poco f
poco f
poco f
p
Per singulos___ di _ es
Per singulos___ di _ es lau_da_ _ mus te, be_nedi_ci_mus te, Do_mine.
Ju_dex cre_de_ris es _ se ventu _ rus.
103
pp
pp
pp
poco f
pizz.
36

111
2 Clar.
Cl. basso in B (Si b).
a 3.
p
a 4.
p
lau_da_ _mus te, be_nedi_ci_mus te, Do_mine.
Ju_dex cre_de_ris es _ se ventu _ rus. Ju_dex crede_ris esse ventu _
Ju_dex crede_ris esse ventu _ rus.
111
pp
pp
pp
p
cresc. poco a poco _ _ _

118
cresc. poco a poco
cresc. poco a poco
a 2.
cresc. poco a poco
cresc. poco a poco
II.
cresc. poco a poco
cresc. poco a poco
cresc. poco a poco
rus.
In te, Do_mi_ne, Do_mine, spe_ra_vi.
Ju_dex cre_de_
cresc. poco a poco
In te, Do_mi_ne, Do_mine, spe_ra_vi.
Ju_dex cre_de_ris esse ventu_rus.
118
div.
cresc. poco a poco

125
a 4.
f cresc.
a 4.
mf cresc. molto
II.
a 2.
mf cresc. molto
cresc. molto
cresc. molto
a 2.
mf
mf
In
cresc. molto
ris esse ventu _ ras.
In te, Do_mi _ ne, Do_mine, spe _ ra _ vi.
mf
In
cresc. molto
In te, Do_mi _ ne, Do_mine; spe _ ra _ vi.
In te, Domi_
cresc. poco a
p
In te, Do_mi _ ne,
in te, Domi_
125
ppp cresc. molto
cresc.
p
arco
mf cresc. molto
mf cresc. molto

131
37
cresc. molto
mf
a 4.
a 2.
II.
f cresc. molto
mf
f cresc. molto
f cresc. molto
in As (Lab) Es (Mib)
9/8
mf
cresc.
te, in te, Domi ne, spe ra vi.
In te, Domi ne, spe ra vi.
In te, Domi ne, Domine, spe ra vi, in te, Domi
In te, Domi ne, spe ra vi.
te, in te, Domi ne, spe ra vi.
ne, Domine, spe ra vi, Domine, spe ra vi, in te, Domi
poco
ne, in te, Domi ne, spe ra vi.
125
mf cresc. molto
cresc. molto
unis.
mf
f
37

137
Muta in Clar. ord. rapid.
a 2.
a 2.
Non con fun dar in æ ter
Non con fun dar in æ ter
ne, Domine, spe ra vi, in te, Domine, Domine, spe ra vi, spe ra
Non con fun dar
Non con fun dar
ne, Domine, spe ra vi, in te, Domine, Domine, spe ra vi, spe ra
Non con fun dar, non con fun dar.
137
Vcello. e C.B.

144
4 Clar.
a 4.
a 2.
muta in B (Sib) F (Fa) alto
num. Cre_de _ ris esse ventu _ rus. In te, Do_mi_ne, spe_ra _ vi; non con
num. Judex crederis esse ven _tu _ rus, judex crederis esse ven
vi, in te, Do_mi_ne, spe_ra _ vi;
num. Cre_de _ ris esse ventu _ rus. In te, Do_mi_ne, spe_ra _ vi; non con
num.
vi. Judex crederis esse ven _tu _ rus.
Ju _ dex cre_de _ ris esse ventu _ rus. In te, Do_mi_ne, spe_ra _ vi; non con
144

149
III.
a 4.
a 2.
a 4.
a 2.
I.
a 2.
fun _ dar _ in æ _ ter _ num, non con _ fun _ _ dar. Ju _ dex cre _ de _ ris esse ventu _ rus. In
tu _ rus. Non confun _ dar, non confun _ dar, non con _ fun _ dar _ in æter _
non con _ fun _ dar in æ _ ter _ _ num. _ Ju _ dex cre _ de _ ris,
fun _ dar _ in æ _ ter _ num. Ju _ dex cre _ de _ ris esse ventu _ rus. In
non _ confun _ dar, non con _ fun _ dar in æter _ num. Cre _ de _ ris ju _ dex
Non con _ fun _ dar in æ _ ter _ _ num, non con _ fun _ dar. Ju _ dex cre _ de _
fun _ dar _ in æ _ ter _ num, non con _ fun _ dar. Ju _ dex cre _ de _ ris esse ventu _ rus. In
149

te, Do_mi_ne, spe_ra _ vi; non con_fun _ dar_ in æ _ ter _ num, non con fun _ dar.
num, non_______ confun _ dar, non confun . dar in æ_ter _ num.
ju_dex cre_de _ ris_______________ esse ventu _ _ rus.
te, Do_mi_ne, spe_ra _ vi; non con_fun _ dar_ in æ_ter _ num, non, non, non.
es _ se ven_tu . rus. Non, non, non con_fun_dar in æter _ _
ris, cre_de _ ris es _ se ven_tu _ _ _ rus. Non confun _ dar, non, non.
te, Do_mi_ne, spe_ra _ _ vi; non con_fun _ dar_ in æ _ ter _ num, non con_fun _ dar.

160
38
a2.
a2.
a2.
a2.
a4.
mf
Ju _ dex cre _ de _ ris es _ se ven _ tu _ rus. In te, Do _ mi _ ne, spe _ ra _ vi, non con _ fun _ dar in æ _
Ju _ dex cre _ de _ ris es _ se ven _ tu _ rus. In te, Do _ mi _ ne, spe _ ra _ vi, non con _ fun _ dar in æ _
Ju _ dex cre _ de _ ris es _ se ven _ tu _ rus. In te, Do _ mi _ ne, spe _ ra _ vi, non con _ fun _ dar _ in æ _
Ju _ dex cre _ de _ ris es _ se ven _ tu _ rus. In te, Do _ mi _ ne, spe _ ra _ vi, non con _ fun _ dar _ in æ _
num. Ju _ dex cre _ de _ ris es _ se ven _ tu _ rus. In te, Do _ mi _ ne, spe _ ra _ vi, non con _ fun _ dar _ in æ _
Ju _ dex cre _ de _ ris es _ se ven _ tu _ rus. In te, Do _ mi _ ne, spe _ ra _ vi, non con _ fun _ dar _ in æ _
Ju _ dex cre _ de _ ris es _ se ven _ tu _ rus. In te, Do _ mi _ ne, spe _ ra _ vi, non con _ fun _ dar _ in æ _
160
C.B.
Vcello.
Organo.
Ped.
38

166
a 4.
muta in B (Sib)
a 2.
a 2.
a 2.
ter _ num, non con _ fun _ dar in æ _ ter _ _ num, non, _ non con _ fun _ dar,
ter _ num, non con _ fun _ dar in æ _ ter _ _ num, non, _ non con _ fun _ dar,
ter _ num, non con _ fun _ dar in æ _ ter _ _ num, non, _ non con _ fun _ dar,
ter _ num, non con _ fun _ dar in æ _ ter _ _ num, non, _ non con _ fun _ dar,
ter _ num, non con _ fun _ dar in æ _ ter _ _ num, non, _ non con _ fun _ dar,
ter _ num, non con _ fun _ dar in æ _ ter _ _ num, non, _ non con _ fun _ dar,
166
C.B.
unis.
Vcello.
Ped.

non,__ non con _ fun_dar. Salvum fac, Do_mine, salvum fac po_pulum tu_um! Non, non,______ non, non,
non,__ non con _ fun_dar. Salvum fac, Do_mine, salvum fac po_pulum tu_um! Non, non,______ non, non,
non con _ _fun_dar, non, non,______ non, non,
non,__ non con _ fun_dar. Salvum fac, Do_mine, salvum fac po_pulum tu_um! Non, non,______ non, non,
non con _ _fun_dar. Salvum fac, Do_mine, salvum fac po_pulum tu_um! Non, non,______ non, non,
non con _ _fun_dar, Non non,______ non, non,
non,__ non con _ fun_dar. Salvum fac, Do_mine, salvum fac po_pulum tu_um! Non,

39
177
a tempo
un poco rall.
dim.
pp
mf
f
ff
dim.
a 4.
in B (Si♭)
a 2.
non con _ fundar in æ _ ter _ num, non con _ fun _ dar, non, non con _ fun _ dar
non con _ fundar in æ _ ter _ num, non con _ fun _ dar, non, non con _ fun _ dar
non con _ fundar in æ _ ter _ num, non con _ fun _ dar, non, non con _ fun _ dar
non con _ fundar in æ _ ter _ num, non con _ fun _ dar, non, non _ con
non con _ fundar in æ _ ter _ num, non con _ fun _ dar, non, non con _ fun _ dar
non con _ fundar in æ _ ter _ num, non con _ fun _ dar, non, non _ con
non con _ fundar, non, con
177
div.
unis.
Vcello.
C.B.
Ped.
un poco rall.
a tempo
cresc.
39
Ped.
un poco rall.
a tempo

185
IV.
in B (Sib) F (Fa) alto
II.
I.
in æ_ter_num.
Ju_dex cre_de_ris esse ven_tu _ rus,
in æ_ter_num.
fun _ dar.
Ju_dex cre_de_ris esse ven_tu _
in æ_ter_num.
fun _ dar.
Ju_dex cre_de_ris esse ven_tu _
fun _ dar.
Ju _ _ dex. ju _ _ dex
185 fun _ dar.
Flauti.

40

Judex cre_de_ris esse ven_tu _ _ rus. In æ _ ter _ num non, non confun _
Ju_dex cre_de_ris es _ se ven _ _tu_rus. In æ_ter _ num non confun _
rus, cre_de_ris esse ventu _ rus. In æ _ ter _ num non confun
rus. In æ _ _ter _ num non confun _ dar,
In æ _ ter _ num non confun _ dar,
cre _ _de_ris es_se ven_tu_rus. In æ_ter _ num non confun _ dar,
Non con _ fun_dar, non, non,

192

40

dar, in æ_ter_num, Do_mi_ne, Do_mine, non con _ fun _
dar, in æ_ter _ num, non con _ fun _
dar, in æ_ter _ num, Do_mi_ne, Do_mine. Ju _ dex cre_de_
in æ_ter _ num, Do_mi_ne, Do_mine, non con _ fun _
in æ_ter _ num, non con _ fun _
in æ_ter _ num, Do_mine, Do_mine.
con _ fun _ dar.

41
204
dar. Judex crede _ ris esse ventu _ rus. Non confun _ dar, non confun dar in æ _ ternum,
dar. Judex crede _ ris esse ventu _ rus. Non confun _ dar, non confun dar in æ _ ternum,
ris esse ventu _ rus. Non confun _ dar in æ _ ternum,
dar. Judex crede _ ris esse ventu _ rus. Non confun _ dar, non confun dar in æ _ ternum,
dar. Judex crede _ ris esse ventu _ rus. Non confun _ dar, non confun dar in æ _ ternum,
Judex crede _ ris esse ventu _ rus. Non confun _ dar, non confun dar in æ _ ternum,
204
con Trombone e Bombardone
Ped.
41

211
non___ con_fun_dar in æ_ter___num,___ non,___
non___ con_fun_dar in æ_ter___num,___ non,___
non con_fun_dar in æ_ter___num,___ non,___
non___ con_fun_dar in æ_ter___num,___ non,___
non con_fun_dar in æ_ter___num,___ non,___
non con_fun_dar in æ_ter___num,___ non,___
Non con_fun_dar in æ_ter___num, non,___
211
Vcello e C.B.
mf
mf

218
III.
non, non confun _ dar in æ _ ter _ _ num.
non, non confun _ dar in æ _ ter _ _ num.
non, non confun _ dar in æ _ ter _ _ num.
non, non confun _ dar in æ _ ter _ _ num.
non, non confun _ dar in æ _ ter _ _ num.
non, non confun _ dar in æ _ ter _ _ num.
non, non confun _ dar in __ æ _ ter _ _ num.
218
Ped.

224
Un poco rit. Tempo I.
a 4.
a 4.
Un poco rit. Tempo I.
224
Ped.
Ped.
Ped.
Un poco rit. Tempo I.

8. Marche
pour la présentation des drapeaux

*) Cet instrument est écrit ici comme serait un Cornet à Pistons en Si b aigu. Le son réel est en conséquence à la 7me au dessus de la note écrite.
Dieses Instrument ist hier wie ein Cornet à Pistons in hoch B notirt. Der Klang ist demnach eine Septime höher als die geschriebene Note.
The part for this instrument is written as for a Cornet-à-pistons in high B♭. The actual sound will accordingly be a seventh higher than the written note.

Anm. der Herausgeber: Wo kein Saxhorn vorhanden, kann es am besten durch 1 Clarinette in Es und 1 Hoboe, welche unisono blasen ersetzt werden.
Note des Editeurs. A défaut de Saxhorn, le mieux serait de faire jouer à l'unisson une Clarinette en mi bé mol et un Hautbois.
Note by the Editors. Where no Saxhorn can be obtained, its place will be best supplied by an E♭ Clarinet and an Oboe in unison.

27
42

32
pizz.
pizz.
pizz.
pizz.
arco
arco
arco
arco
pizz.
pizz.
pizz.
pizz.

37
arco
arco
arco
arco

42
a 4.
a 4.
a 4.
a 4.
a 4.
mf
pizz.
pizz.
pizz.
pizz.
f
f
f
f
42

49
43
a 4.
II.(a2.)
I.
a 2.
arco
arco
arco
arco
49
43

70
44
sf
f tenuto
a.4.
f tenuto
a.2.
f
70
sf
f tenuto
f
44

86
45

91
a 4.
a 4.
a 2.
a 2.
div.
unis.
div.
91

96
a 4.
tenuto
tenuto
a 4.3
tenuto
tenuto
mf
96
unis.
div.
unis.
div.
unis.
tenuto
div.
tenuto

101
46
101
46

106
a 2.
a 2.
a 4.
a 2.
unis.
106
Org. pleno.

112
a 2.
div.
div.
div.
112
div.
Ped..
Ped